김꼼마 동시집

아꼽다

김꼼마 동시집

아꼽다

아꼬운 예술가들 그림

시
인
의
말 ─

눈부처
경청
기다림
너와 내가 하나임을 알 수 있는 순간.
아꼬운 너를 만나
나 또한 아꼬와지는…

나의 영감자인 유아들과 20여 년을 함께하고 있습니다.

이름보다 '꼼마' 애칭을 부르던 부모님.
강아지, 풀꽃, 오름, 그리고 당신.
우린 모두 아꼽습니다.

2019년 11월
김꼼마

꼬물꼬물

숨 한번 쉬고

2부

자연아 뭐하니?

3부

사랑해! 사랑해!

 4부

엉덩이 흔들며 하나 둘, 하나 둘

아꼬운
예술가들

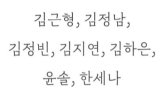

7세

김근형, 김정남,
김정빈, 김지연, 김하은,
윤솔, 한세나

6세

김혁진, 박민하,
신재희, 정의건, 조은율,
채서은, 허예은

1부

꼬물꼬물
숨
한번 쉬고

꼬꼬닭의 술래잡기

꼬꼬닭이
술래잡기하다
"꼬꼬꼬! 여기가 좋겠어."
숨을 곳을
찾아냈어요.

맨드라미 속 꼬꼬닭
닭 볏이 꽃인지
꽃이 닭 볏인지
누구도
알 수 없어요.

개구리

연잎 위 개구리
잔뜩 움츠린 채로
할 수 있다 외쳐댄다.
"개굴! 개굴!"

연잎과 연잎 사이 건너뛰고
해냈다 외쳐댄다.
"개굴! 개굴!"

이래도 "개굴! 개굴!"
저래도 "개굴! 개굴!"
한마디면 충분하다.

귤나무

"귤나무야 자라라.
쑥쑥 자라라."
매일매일 말하고
보듬어 주니
어느 날 내 키보다
더 커버렸어.
내가 올려보게
더 커버렸어.

"귤나무야 자라라.
쑥쑥 자라라."
매일매일 말하고
보듬어 주니
하얀 꽃 피우고
열매 맺혔어.
탱글탱글 주황색
귤이 맺혔어.

금붕어 1

금붕어는 이야기가 많아
하루 종일
뻐끔뻐끔
자기 말만 하지.
무슨 말이 그리 많은지
하루 종일
뻐끔뻐끔

사과

담장에 턱을 괸
연둣빛 사과
햇님과 눈이
딱!
마주치자
부끄러워 두 볼이
빨강빨강

참외 씨

바구니에서 뛰쳐나온 참외
한 바퀴 쿵!
돌멩이에 부딪히고
두 바퀴 쿵!
바닥에 부딪혔다네.

잔뜩 화가 난 참외
수많은 이를 드러내며
"쩍"
울어댄다네.

겨울잠

낙엽 속 무당벌레야
도토리 대장 다람쥐야
겨울이 다 가도록
하얀 눈 보지 못해
어쩌지?
눈싸움 하지 못해
어쩌지?

금붕어 2

금붕어는 심심할 때
이렇게 논대.

어항 속 질주하기
수풀 사이 숨어
숨바꼭질하기
누구의 입이 크나
맞대어 보기
그리고
어항 밖 코를 벌름거리는
내 모습 바라보기

봄 소리

나비가 나비가 노래 부르지.
봄이 왔어요.
봄이 왔어요.
어서 일어나세요.

제비가 제비가 노래 부르지.
내가 왔어요.
내가 왔어요.
어서 일어나세요.

꽃님이 꽃님이 대답하지.
알았어요, 알았어.
조심조심
기지개 펼게요.

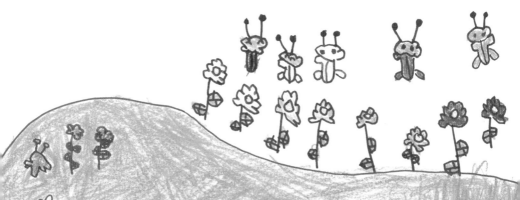

쥐며느리

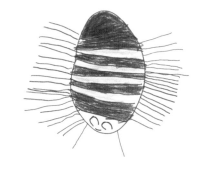

손끝만 닿으면
깔깔깔
뒤로 넘어지는
웃음대장

많은 손으로
배를 움켜쥐니
동글동글
콩이 되어버렸네.

어쩔 수 없어
초록색이 아니어도
넌 그냥
콩벌레야.

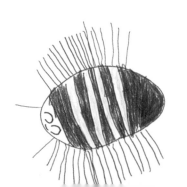

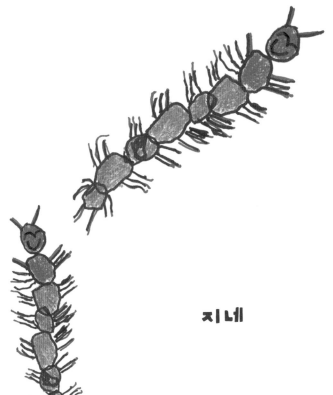

지네

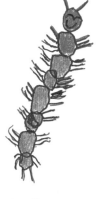

발이 이렇게 많은데
마음은 하나래요.

위로 가자면
척! 따라가고
되돌아 가자 하면
척! 따라가고

발이 이렇게 많은데
마음은 하나래요.

양파

얼마나 춥길래
옷을 입고
또 입었을까?
벗어도
벗어도
끝나지 않는 하얀 옷
우리 엄마 힘들어
눈물 나오겠네.

발자국

"집 나갈 거야!"
뛰쳐나간
형아 달팽이
어디로 가는지
엄마 달팽이
걱정 않지.
끈끈이 발자국
따라가면
찾을 수 있는 거
형아 달팽이
아직도 모르나?

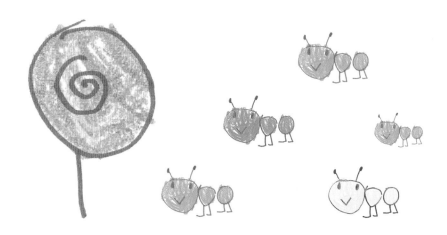

개미

깨알만 한 작은 몸에
눈이 있다.
"우와"

깨알만 한 작은 몸에
다리도 있다.
"대단한데"

깨알만 한 작은 몸에
더듬이도 있다.
"멋진데!"

심지어
나도 못 찾는
사탕을 잘도 찾는다.

보이니?
느껴지니?
깨알만 한 작은 개미야.

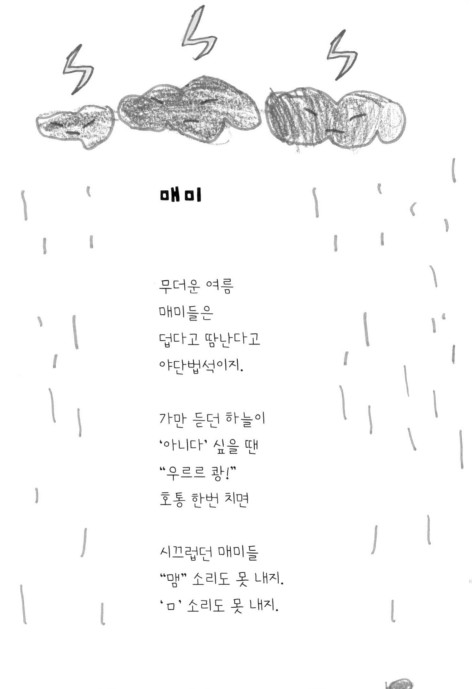

매미

무더운 여름
매미들은
덥다고 땀난다고
야단법석이지.

가만 듣던 하늘이
'아니다' 싶을 땐
"우르르 쾅!"
호통 한번 치면

시끄럽던 매미들
"맴" 소리도 못 내지.
'ㅁ' 소리도 못 내지.

고사리

고사리를 딸 때는
"고맙습니다."
허리 숙여
인사해야 된대.

왜냐고?
고사리를 봐.

깊은 숲속 찾아와 주어
"고마워."
허리 숙여
인사하잖아.

2부

자연아
뭐하니?

소나기

"기다려. 내가 간다!"

한바탕 쏟아진 빗줄기에
산책 가던 쥐며느리
돌돌 말아 쉬고
쩍쩍 입 벌린 땅
조용히 입 다물고
주름진 할아버지
땀방울 닦게 하고
다 마른 내 옷
젖게 하고

고마운 듯 안 고마운 너

해님 달님 시소

해님 달님 시소는
참 신기해
달님이 반쪽 되어도
해님 시소는
잘도 올라가.
달님이 손톱만큼 작아져도
해님을 거뜬히
올려버려.

다리동무

돌담만 어깨동무한다고요?
우리도 할 수 있어요.

이리 와 천천히
나에게 천천히

어깨가 닿지 않으면
다리를 뻗으렴.

오름은 이렇게
다리동무해요.

키 작은 오름도
키가 큰 오름도

천천히 맞닿아
다리동무할 수 있어요.

노을

파란 하늘 위로
구름 떼 달려가고
바람 한번 소리치고
새들은 저마다 한마디
지켜보던 하늘
정신없다며
울그락 불그락

햇살

아가가 심심한지
햇살은 잘도 알아요.
창문으로 들어와
아가 얼굴 간질이면
아가는 방실방실 웃으며
놀다 가라 손 내밀어요.

여름날

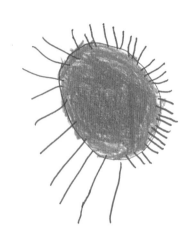

아이스크림 잡고
한눈판 사이
해님이 사르르 핥다 보니
어머!
다 먹어버렸네.

울어 봐도 소용없는
여름날

햇살을 쪼개어

햇살을 쪼개어
흙 사이사이 뿌려주니
연둣빛 새싹이
물구나무 섭니다.

햇살을 쪼개어
땅속 사이사이 뿌려주니
겨울잠 자던 개미
기지개 켭니다.

햇살을 쪼개어
바다 사이사이 뿌려주니
바닷속 해녀들
숨비소리 냅니다.

몰랐지?

하느님은 심심할 때
하늘에 구름을 띄워
그림을 그린대.

그리다 틀리면
바람으로 '후' 지우고
색을 넣고 싶을 땐
먹구름과 노을을 뿌리고

깜깜한 밤엔
별빛으로 선을 이어
그림을 그린대.

그거 몰랐지?

빛과 그림자

여기 숨어도
저기 숨어도
네가 가는 곳이면
나는 꼭 따라다니지.

여기 숨어도
저기 숨어도
나는 네가 좋아
꼭꼭 따라다니지.

돌담

"한 줄 기차~"
"한 줄 기차~"
동생이 시키지 않아도
내가 지켜보지 않아도
돌담은 하루 종일
한 줄 기차.

천둥 치는 날도
한 줄 기차.
과자봉지 끼워줘도
한 줄 기차.

내가 아기 때도 그랬고
지금도 그렇고
돌담은 하루 종일
한 줄 기차.

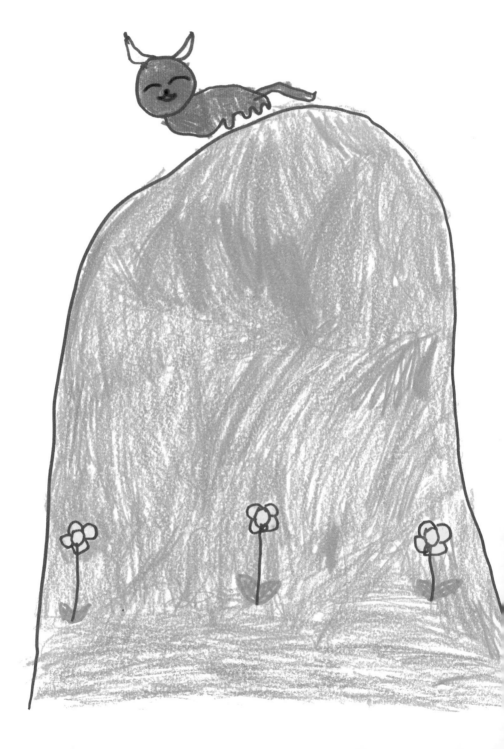

오름 이불

봄에는 새록새록
풀빛 이불
여름에는 빨강, 노랑
노을빛 이불
가을이면 한들한들
억새 빛 이불
겨울에는 겅중겅중
노루 이불

예쁜 이불 잘 덮고 있나
황소들이 둘러봐요.

바람은 마음이 고와

바람은 마음이 고와
풀잎 머리
쓸어주고
나뭇잎 시소
태워주고
목마른 꽃님에게
비를 데려다줘요.

바다

땀 닦아 줄까?
한바탕 놀아볼까?
그렇다면 어서 들어와.
누구든지 안아줄게.
넓은 가슴 드러낸 바다
반가움에 출렁출렁
그 안에서 나는 첨벙첨벙

고드름

몇 시간째
눈물 흘리는 너는

미안해서 울어?
속상해서 울어?
아니면
아주 행복해서?
그만 울고
이야기 좀 해주라.

보름달

며칠 전 보았던 달이
어느새 자라
배가 볼록
볼이 볼록

"달이 뚱뚱해졌어."

동생의 말에
밥 안 먹고 지냈는지

며칠 전 보았던 달이
배가 홀쭉
볼이 홀쭉

3부

사랑해!
사랑해!

아꼽다*

아꼽다 아꼽다.
할머니 말 한마디
아꼽다 아꼽다.
나도 따라하니
못난이 내 동생도
얄밉던 형아도
심술난 나의 마음도
아꼽다 아꼽다.
모두가 아꼽다.

* **아꼽다_** '귀엽다', '사랑스럽다'의 제주어

내 동생

내 동생은 커서
착한 도깨비가 될 거래요.
나쁜 사람 혼내주는
착한 도깨비
아빠는 하하 웃으며
그러라 했죠.
지금처럼 착하게
크라 그랬죠.

울음이 뚝!

아가가 울 땐
사탕도 필요 없고,
초콜릿도 필요 없어.
엄마 품에 안기면
울음이 뚝!

내가 울 땐
장난감도 필요 없고,
색종이도 필요 없어.
아빠 품에 안기면
울음이 뚝!

마음이 통하는 날

"할머니, 비오멘!"
"하영*?"
"응. 하영!"
"재기** 그쳐야 할 건디."

비 오는 날은
밭일 가는 할머니도
놀러가는 나도
창밖을 보게 되는
마음이 통하는 날

* **하영_** '많이'의 제주어
** **재기_** '빨리'의 제주어

요술쟁이

우리 아빠는 요술쟁이.
집도 나무도
요술 부리듯
멋지게 바꿀 수 있죠.

우리 엄마는 요술쟁이.
힘센 우리 아빠도
꼼짝 못하게
만들 수 있죠.

싸움

괜히
가슴이 터질 것 같고
목소리가 커지고
입술을 씰룩이고
주변을 살피고

"이게 아닌데." 싶을 때

동생과 싸울 땐
나도 나를 모르는 날

•예전부터

예전부터
엄마는 나를
사랑했고
아빠는 엄마를
사랑했고
할아버지는 할머니를
사랑했고
예전부터
아주 예전부터
우리는 서로를
사랑했고

넘어짐

볼록볼록
아가 배가 고와
바닥이 뽀뽀하재.
"콩!"

옹알옹알
아가 입술이 고와
바닥이 뽀뽀하재.
"콩!"

뽀뽀하자 보채는
바닥에게
아가는
이렇게 말한대.
"으앙"

동생

동생이 생기던 날
기분은 좋은데
웃음이 멈춰버려.
엄마가 울고 아빠도 울고
나도 따라 울게 돼.

동생이 태어난 날
기분은 좋은데
가슴이 답답해 와.
엄마는 웃고 아빠도 웃고
나는 혼자 울게 돼.

동생과 함께하는 날
기분은 좋은데
가슴이 방망이질해.
엄마 몰래 아빠 몰래
꿀밤을 줘야 하니까.

내가 웃으면

내가 웃으면
엄마가 다가와.
내가 웃으면
아빠가 다가와.
내가 웃으면
친구들이 다가와.
꿀을 찾는 꿀벌처럼
꽃을 찾는 나비처럼
내가 웃으면
모두가 다가와.
춤추며 다가와.

오늘 하루

엄마와 다툰 하루는
친구들과 함께해도
재밌지 않아.
엄마와 다툰 하루는
엄마의 얼굴만
뱅뱅 맴돌아.

엄마와 다툰 하루는
선생님의 말씀도
들리지 않아.
엄마와 다툰 하루는
엄마께 편지 쓰고
사과하는 날.

옴막!*

옴막! 옴막!
아가 입에
작은 음식
옴막!

옴막! 옴막!
엄마 사랑
아가 입에
옴막!

* **옴막**_ '꿀꺽'의 제주어

엄마아빠가

내 안에 있어요

엄마 아빠

'엄마' 하고 부르면
입안이 간지러워
나도 모르게
웃게 되고

'아빠' 하고 부르면
입안에 힘이 생겨
나도 모르게
도움 주게 되지.

"내가 도와줄게."
말하는 얼굴에
부드러운 미소는
엄마 아빠가
내 안에 있기 때문이지.

형아니까!

넘어져도
울지 않아!
이 빼도
울지 않아!
장난감 뺏겨도
울지 않아!
괴물꿈 꾸어도
울지 않아!

형아니까!
형아가 되었으니까.
그런 것쯤이야.

옹알이

"무신거랜* 헴신고?**
더 크게 고라보라."***
"무신거랜 헴신고?
가까이 왕 고라보라."

무신거랜 고람신지
할머니는 몰라도
고를 때마다
할머니도 아가도
빙삭빙삭****

* **무신거**_ '무엇'의 제주어
** **헴신고**_ '하는지'의 제주어
*** **고라보라**_ '말해봐라'의 제주어
**** **빙삭빙삭**_ '방긋방긋'의 제주어

마음의 자람

내가 만든 블록
동생이 부숴버렸어.
"봐줄게."

내가 그린 그림
동생이 찢어버렸어.
"진짜 이번만 봐준다."

정빈이가 준 편지
동생이 뭉개 버렸어.
"너 정말!"

화가 나 동생에게
알밤 한 대 주었더니

동생이 동생이 울어버려
엄마가 달래도
멈추지 않아.

용기 내어 '미안해.' 하니
마법처럼 그친
동생의 울음

"나랑 놀고 싶었구나.
미안해 동생아.
내가 잘못했어."

4부

엉덩이

흔들며

하나 둘, 하나 둘

짝꿍과 손 잡는 날

짝꿍과 손 잡는 날
가슴이 콩닥콩닥
콧구멍이 벌렁벌렁
빨개진 두 볼 사이로
나도 모르게
벌어진 입술

"의자 정리 내가 해줄게."
"장난감 정리도 내가 해줄게."
짝꿍과 손 잡는 날은
나도 모르게
정리대장 되는 날

산책 가는 길

전선 위 새들이
"조심히, 조심히"

나뭇잎이 살랑이며
"조심히, 조심히"

거미줄에 거미가
"조심히, 조심히"

모두가 선생님이 되어
"조심히, 조심히"

비행운

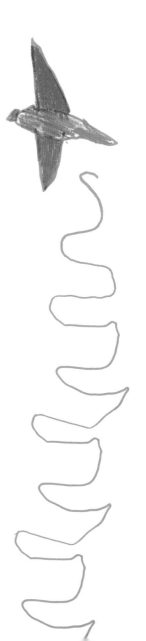

파란 하늘을
하얀 크레파스로 엥그리는*
꼬마 도깨비

"저것 봐."
아이들 함성소리에
"아이쿠! 들켰다."
서둘러 지워버리는
꼬마 도깨비

달아나면서도
하늘을 엥그리고야 마는
너는 개구쟁이

*엥그리다_ '(어지럽게) 낙서하다'의 제주어

색종이

작은 집을 접고
멋진 종이학을 접었다.
부자 되라고
지갑도 접고
예쁜 꽃 찾아가라
나비도 접었다.
접고 접고
또 접다 보니
엄마가 좋아하는 것
다 못 접고
어느새 구멍 뚫린
색종이

꼬마농부

내가 키운
토마토 위에
따박따박
달팽이가 올라와요.

방울방울 토마토
다치지 않게
느릿느릿 달팽이
다치지 않게
조심조심
흙 위에 놓아주어요.

파리와 엄마

파리와 케이크 사이
엄마가 있다.

한 입 달라 빌어대는
파리 앞에
엄마는 안 된다
눈을 크게 뜬다.

까맣게 타들어가는 파리와
엄마의 까만 눈동자

들었을까? 못 들었을까?

솔이 보고 웃는 정남에게
오늘은 용기 내어
"네가 좋아."
작은 소리로 말했지만

어휴
다행히 못 들은 것 같아.

그런데 이상하게
장난감을 자꾸
빌려 준단 말이야.
이상하게 자꾸
내 옆에 앉는단 말이야.
들었을까? 못 들었을까?

엄마사랑요
고가자자주세요.

글

기어가는 지렁이
뒤집힌 지렁이
쉬고 있는 지렁이
몸을 튼 지렁이

내가 쓴 글은
모두 지렁이가 되지만
엄마는 잘도 읽고
웃으신다.

비비작작

달리기에서 질 때
엄마한테 혼날 때
내 마음은
비비작작
비비작작
엉킨 실타래처럼
풀리지 않아
비비작작
비비작작
넝쿨도 아닌데
자꾸자꾸 꼬여버려.

경찰과 범인

"네가 보고 싶은 책 골라."
"없어요."

"네가 쓰고 싶은 글 써 봐."
"없어요."

"네가 닮고 싶은 위인 말해 봐."
"없어요."

엄마는 경찰이 되고
나는 범인이 된다.

"그럼 넌 뭐가 하고 싶은데!"
버럭 화내는 엄마

내가 정말 하고 싶은 건
내 마음을
내 마음대로 하는 거

하지만 나는 범인이 되고 만다.
"없어요." 범인.

있고

어제와 오늘 사이
꿈나라가 있고
웃음과 눈물 사이
마음이 있고
나와 친구 사이
배려가 있고
아기와 형아 사이
달리기가 있고

졸음

맛있는 피자가
까칠하고
친구와의 놀이도
귀찮게 느껴지고
힘 있는 사자도
기운 없게 만드는
모든 것을
느랏느랏*
만들어 버려.

*느랏느랏_'나른히'의 제주어

코딱지

참아야 해!
엄마와 약속했는걸!
형아의 모습이 아니지!

몇 번을 참았지만
머릿속엔 네 생각이 가득해!

어쩔 수 없다. 딱!
이번 한 번만 따악.

두 눈 질끔 감고
손가락 휘저으니
바깥세상 구경 나온
코딱지

코딱지도 나도
시원한 웃음.

도서관

보물창고 안으로
한 발 두 발

심장이 벌렁벌렁
발자국은 쿵쾅쿵쾅

조심히 꺼내어
두 눈 크게 살피고

넣었다, 뺐다
뺐다, 넣었다
주섬주섬거리다

"보물 찾았다."
책 보물 들고 웃어 보이는
도서관은 보물창고

콧물 1

콧물이
드디어
발을 뻗었어.

입술 위로
살금살금
소리 없이
살금살금

답답했던 거지.
놀고 싶었던 거야.

콧물 2

귀찮게 보채는
콧물에게
나도 모르게
허락해 주었다.

내 얼굴에서
뛰어놀 수 있게

그래서 쓰~윽
옷소매로 닦아 주었다.

할머니 없는 할머니 집 가는 길

할머니 없는
할머니 집 가는 길

자갈 웃음 들리던 길이
쿠션처럼 푹신푹신

할머니와 따 먹던 산딸기 밭에
커다란 놀이터

신나지 않다.
즐겁지 않다.

할머니가 없다.
산딸기도 없다.
자갈 웃음도 없다.

할머니 없는
할머니 집 가는 길

밴드 하나면

뜯어진 손톱에는
밴드 하나면
금방 나아.

넘어진 상처에도
밴드 하나면
울음이 그치지.

속상한 엄마 마음
밴드 하나면
금방 낫겠지!

밴드가
좋아요

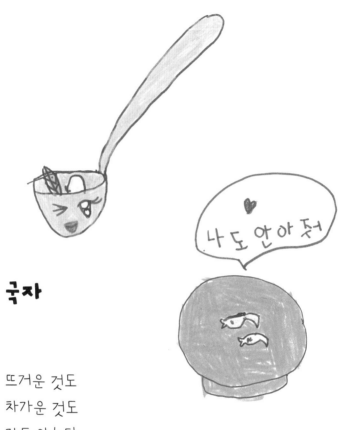

국자

뜨거운 것도
차가운 것도
잘도 안는다.

늘어진 멸치도
탱탱한 두부도
잘도 안는다.

동그란 품에
무엇이든
잘도 안는다.

기대되는 날

꽃에게 물 주는 날
수영장 가기 전날
짝꿍 정하는 날
킥보드 사는 날
그리고
내 생일날

이런 날은
기대되는 날
가슴이 풍선처럼
부풀어 오르는 날
자기 전
기도하는 날

부지런쟁이

개미만 부지런할까요?
달팽이
애벌레
올챙이
꿈틀꿈틀
부지런해요.

개미만 부지런할까요?
조잘조잘
영차영차
이야기하고
정리하는
우리도 부지런해요.

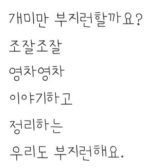

우리는 모두 부지런쟁이
부지런히 움직여
나를 보여줘요.

아꼽다

2019년 11월 23일 초판 1쇄 발행

글   김꼼마
그림   아꼬운 예술가들

펴낸이   김영훈
편집   김지희
디자인   부건영, 나무늘보
펴낸곳   한그루
        출판등록 제6510000251002008000003호.
        제주특별자치도 제주시 복지로1길 21
        전화 064-723-7580   전송 064-753-7580
        전자우편 onetreebook@daum.net 누리방 onetreebook.com

ISBN 978-89-94474-97-7   73810

ⓒ 김꼼마, 2019

이 도서의 문화국립중앙도서관 출판예정도서목록(CIP)은 서지정보유통지원시스템 홈페이지(http://seoji.nl.go.kr)와
국가자료공동목록시스템(http://www.nl.go.kr/kolisnet)에서 이용하실 수 있습니다.(CIP제어번호: CIP2019045549)

값 10,000원

품명: 도서 **제조자명**: 한그루 **제조국명**: 대한민국
전화번호: (064)723-7580   **사용연령**: 6세 이상
주소: 제주특별자치도 제주시 복지로1길 21
※ KC마크는 이 제품이 공통안전기준에 적합하였음을 의미합니다.
※ 주의! 책의 모서리가 날카로워 다칠 수 있으니 던지거나 떨어뜨려 다치지 않도록 주의하세요.